오솔길은 한 줄의 긴 詩 입니다
부제 : 同行 25

국립중앙도서관 출판시도서목록(CIP)

오솔길은 한 줄의 긴 詩 입니다 : 同行25 : 서정탁 시집 /
지은이: 서정탁. -- 대전 : 오늘의문학사, 2014
    p. ;   cm. -- (오늘의문학시인선 ; 342)

ISBN 978-89-5669-642-3 03810 : ₩8000

한국 현대시[韓國現代詩]

811.7-KDC5
895.715-DDC21   CIP2014027666

오솔길은 한 줄의 긴 詩 입니다

부제: 同行 25

서정탁 시집

오늘의문학사

■ 自序

  2014년 9월 9일은 우리 부부의 결혼 25주년 기념일이다.
  그 기념으로 우리 부부는 서로에게 조금은 특별한 선물을 하고자 마음을 모았다. 그것은 나는 아내의 전시회를 열어 주고, 아내는 내 시집을 내주는 일이었는데 이 결정은 나름대로 꽤 큰 결심이 필요한 것이었다.
  그 결심이란 우리 부부의 재능이 전시회와 시집을 낼 정도가 아니라는 생각에 '행여 과한 욕심은 아닐까?' 하는 우려를 이겨야 하는 용기였다.
  아내는 어린 시절부터 그림그리기를 좋아했다더니 아이들을 어느 정도 키우고 나서부터는 틈나는 대로 꾸준히 배워 지금은 여러 미술단체에서 열심히 활동하고 있다. 국내외 이곳저곳에서 수상을 하더니 최근에는 외국 여러 곳에 작품을 전시하면서 그 영역도 넓혀가고 있다. 새로운 도전을 즐기는 그 열성에 남편으로서도 감탄하고 있다.
  아내는 3번째 개인전을 예술의 전당에서 10월 2일부터 9일까지 가지기로 하고 관련된 모든 일들을 마무리 지었다.
  나 또한 평소 책을 읽고 글을 쓰는 것을 좋아하기는 하였지만 천성이 게으른 탓에 그리 열심히 매달리지를 않았다. 이 참에 아내의 채근 덕으로 대학 시절부터 그적거렸던 것들을 부랴부랴 정리하고 딴에는 다시 손질도 하면서 80여 편의 작품을 엮었다.
  그 중에는 대학 문학상에 당선되었던 것, 시동인 모임을 통해 발표했던 것과 수원문인협회에서 잠시 활동할 때의 작품도 있고, 더러 교원문학지와 중소 지방지에 게재되었던 것도 포함되었다.

워낙 재주도 없거니와 작품 수준 또한 별 게 아니었으므로 혼자서 생각이 날 때마다 기록해 둔 원고들을 들여다보면서 틈틈이 만들어 낸 것들이다.

일반적으로 대개의 시집에 있는 평론은 생략하였다. 그 까닭은 내 작품은 내가 좋아 쓴 것이긴 하지만 평론의 대상이 될 수 없다고 스스로 믿고 있으며 이 시집의 출간 목적이 그동안 내던져 두었던 원고들을 한 곳에 모은다는 의미가 크기 때문이었다.

우리 부부가 25년을 한결같이 살았고 아이들도 건강하게 지내고 있으니 주님께 감사를 드리며, 또 이 시집을 내게 된 것에도 고마워한다. 시집 출판은 아내의 전시회 개막일에 맞추고자 노력하였다.

그럼에도 여전히 속마음엔 '이 세상에 수많은 명작들도 잘 읽지 않는데 이름도 없고 읽어줄 리도 없는 티끌 같은 글 나부랭이를 드러내려 하는가?'하는 부끄러움이 끝까지 붙어 있으나, 이를 애써 무시하고 아내와의 이 시도가 아름다운 추억으로 남기만을 바라며 행복하게 여기려 한다.

사랑하는 아내와 아들 지영이, 딸 지현이와 자축하며 각자의 자리에서 열심히 사는 우리 부부의 양가 가족들과 친척들, 사랑하는 과천 성당 및 수원공고 식구들, 그리고 내 오랜 친구들 모두에게 우리 주 예수 그리스도의 은총이 풍성하게 내리시기를 기도드리며 인사에 갈음한다.

2014년 9월 서정탁 바오로

아내 이영일 (3행시)

1 이씨 조선 왕가 피의 아리따운 아가씨가
   영남의 양반가문 달성서가 청년 만나
   일가친척 축복 속에 한 가정을 이루었네.

2 이성지합 짝을 이뤄 은총으로 하나 되어
   영원토록 변치 않는 해달처럼 사랑하자
   일 년이면 열두 달을 내 몸 여겨 살아 왔네.

3 이제야 새삼스레 안 것은 아니지만
   영원을 함께 할 참 사랑 내 아내
   일일이 셈하지 않아도 바로 안다네.

4 이야기해야 아는 사이 이미 지나고
   영문도 모른 채 오해 살 일 또한 지났네.
   일일이 묻지 않아도 느낌으로 먼저 알지.

5 이만큼 살아온 세월도 우리의 인생
   영영 다시 못 올 지금의 길을
   일 보 일 보 또 일 보 손 꼭 잡고 갑시다.

6 **이**끼 낀 깊은 산중 고즈넉한 길이라도
  영육간의 평화 빌며 기도처럼 걸어가면
  일락서산 해 저무는 황혼길에 닿겠지.

7 **이**슬처럼 떨어지는 이 세상 마지막 날
  영감 할멈 우리 서로 이만하면 괜찮았지
  일평생에 일편단심 주님 품에 돌아가리.

차례

- 自序 — 4
- 아내 이영일 — 6

1부 문고리 신호

이사 온 새댁 _ 15
문고리 신호 _ 16
난蘭 _ 18
새벽 01시 달빛 방문 _ 20
봄비 _ 22
눈雪 _ 24
빗소리 _ 25
강화도에서 _ 26
깃발 _ 28
대청봉에서 _ 29
꽃 종 _ 30
나뭇가지 手話 _ 32
목걸이 _ 34
떡갈나무이파리의 배려 _ 35
속이 부드러워야지 _ 36
징검다리 _ 38
번데기 _ 39
참을성이 닳아가는 까닭 _ 40
풀잎 들거라 _ 42
꽃들의 말소리 _ 43
호수 이야기 _ 44

차례

2부 물결 산책

바람 _ 49
물결 산책 _ 50
구피 _ 52
소금쟁이 선사 _ 53
달 _ 54
신호등 _ 56
나사못 _ 57
참새 _ 58
양은 냄비 _ 60
억새 _ 61
가로등 _ 62
반지하방 _ 64
거울 _ 66

다리^橋 아래는 수도^{修道} 중 _ 68
모닥불을 피우며 _ 70
산등에 서서 _ 72
싸리비 _ 74
열매 _ 75
서커스단의 어미원숭이 _ 76
우리 집 순진이 _ 78
시계 속의 역사 _ 80
조약돌에는 _ 82
이규보의 '영정중월'을 읽고 _ 84

차례

 **제3부** 아버지의 의자

가랑잎 _ 87
아버지의 의자 _ 88
소백산 고사목 _ 90
손가락 _ 91
시골 _ 92
가을산에 올라 _ 94
금환일식 金環日蝕 _ 96
노송 밑에 앉아 _ 98
눈 내리는 밤 _ 100
눈 오는 세모 _ 101
인생길 _ 102
담쟁이 _ 104
물소리 흐르는 계곡길 _ 105

산 속 오솔길은 탯줄입니다 _ 106
산기슭 처사 _ 108
풍경 _ 109
생수를 받으며 _ 110
엄마 이야기 1 _ 112
아버지 손길 _ 114
아버지의 논 _ 115
이파리는 _ 116
處士觀雲圖 _ 118

차례

 **제4부** 프리즘 사랑

프리즘 사랑 _ 121
내 발자국 소리 _ 122
거울을 벽에 다는 까닭 _ 124
지천명 생일날 _ 126
살펴보지도 않고 _ 128
별로 핀 동백꽃 _ 130
낙엽 _ 132
미사에 늦은 날 _ 133
산행 _ 134
오솔길은 한 줄의 긴 詩입니다 _ 136
어음 _ 138

민들레 _ 140
여과지 _ 141
괜히 속상해 _ 142
투정했더니 _ 143
여전히 웃으시는 그분 _ 146

1
문고리 신흥

welcome. 20F(60.6x72.7cm). oil on canvas.
2014년 제1회 인사오픈미술대전 '특선' 수상작

하루아침에 피고 지는
이 세상의 수많은 사람들 틈에서
몇 달을 느긋이 변하지 않는
저 달관이 부럽다. 난!

이사 온 새댁

한달 남짓된 아기를 둔 새댁이 이사를 왔다.
익숙해진 버릇대로 빗장을 걸고
내 딴에는 사색의 길을 걷고 있던 날
그 새댁이 초인종을 눌러대기 시작했다.
부침개 했다고 한 장 달랑 들고와서는 딩동
배추 겉절이 했다고 한 접시 담아 와서는 딩동
우엉 졸였다고 서너 젓가락 갖고 와서는 딩동
막 물 끓었으니 아내더러 차 마시러 오라고 딩동
쓰잘 데 없는 이 새댁의 행패에 짜증이 날 무렵
내 무딘 마음에 파란 싹이 돋아나고
녹슨 문고리가 수다에 닦여 빛을 내기 시작했다.
스스로 깊다고 믿어 온 나의 사색은
들여다 볼 것도 없이
어떻게 하면 이 세상 편하고
무엇을 해 먹어야 몸에 좋을까? 하는 망상의 찌꺼기들.
그 몹쓸 잡념들이 딩동딩동 초인종이 울릴 때마다
빼꼼히 열린 문 틈으로 달아나고 있었던 것이다.
우리집 옆에 새로 이사 온 눈이 맑은 새댁.

문고리 신호

내게만은 참으로
관대했었다.

언제나
활짝 열어 놓고
마음대로 드나들며
열쇠를 흔들어 대었다.

이 문을 열고
고개 들고 나가서
돌아올 모습 생각 못했고

들어와 닫을 때마다
지나온 발자국 다 잊었다.

문을 열고 나갈 때마다
무사히 돌아오기를 기도하고

돌아온 고마움
닫기도 전에

이미 닫혀진 이웃은
어디에 열쇠처럼 걸어 두었을까

열어 놓으면 경계는 없어지고
닫으면 갑자기 생기는
이 빗장

제 자리 잃은 욕심들이
제멋대로 드나들던 문고리를 잡고
두고 온 문 밖의 이웃 세상으로
또또 또또또 구조신호를 보낸다.

난 蘭

난!
저 산맥 같고 강줄기 같이
뻗어 있는 자존심이 부럽다.
달아오르는 갈증도 몇 달이고 버텨내는
푸른 오기가 부럽다. 난!
하루아침에 피고 지는
이 세상의 수많은 사람들 틈에서
몇 달을 느긋이 변하지 않는
저 달관이 부럽다. 난!
수도자의 심성으로
오랜 날을 조금씩 꽃대를 올리고
향기 쿵쿵거리지 않게
먼 산 한줄기 구름 오르듯
피우더니
오래오래 꼿꼿이 서서
천천히 천천히 지느니
바라보는 내 허리를 쓰다듬게 한다.
새싹이 나도
인내를 가르치지 않고
오랜 날을 기쁘게 만들더니

자라서도
오래오래 제 모습을 바꾸지 않고
다른 모습으로 허리를 굽히지 않는다.
바람 한 번 불어도 누워 버리거나
하루만 보지 않아도 웃자란 잡초처럼
종잡을 수 없는 행보가 아니라
해가 지나도 그 줄기 그 모습
쉽게 바꾸지 않고 변함없이 푸르니
초지일관 지조 있는 그 모습
가까이 두고 보아도 언제나 그 자태
네가 정녕 스승이다. 난!

새벽 01시 달빛 방문

달빛 새벽 01시
북두칠성 뒷꼭지엔 뒤척이는 꿈길 아득하고
아랫방 12시 굴뚝 연기는 초침처럼 팔을 저어
시침 따라 내려온다.
새벽 논두렁은 방금 파낸 책상금처럼 서늘하다.

암수 개구리 풀쩍풀쩍
달빛에 놀란 놈이 어디 너희 뿐이랴
건넛말 불빛은 앞산 둔덕에
서른 해 전 졸업식마냥 뽀이얗고
객 드문 식당에서 달 같은 둥근 빈대떡으로
막걸리잔의 달빛을 저어 가라앉은 해금소리 마신다.

소쩍새 소리
탱글탱글 여물어 떨어지는 알밤으로
밤새 갈빗대 뒤안에 토실토실 쌓여
달빛 젖은 베갯머리에 뚝뚝 떨어지는
어린 이름들

이 가슴에 절절한 가락 담겨 있지 않다면
어찌 지천명이라 하리
국화 지기까지 내내 빈 수레 바퀴
옆집 개 짖는 소리에도 먹먹히 익어가는
새벽 01시 밤톨 같은 달빛 만지다.

봄비

1.
물 오른
버들 가지
꽃눈 사이로

작은 새
무리지어
쫑알거리며

봄을 쪼아
올리는
고운 빗방울.

2.
흙 밑에
숨어 있는
어린 봄 찾아

병아리떼
아장아장

고운 부리에

새싹들이
부르는
결 고운 합창.

눈芽

하늘 향한
막다른 골목
찬바람 스치는 가지 끝마다
수많은 꿈을 횃불로 여미고

바람에 흔들리는
현기증을 토닥여

숨을 고르고
일제히 타오를 준비를 마친

봄의 뇌관雷管

빗소리

1.

낯익은 거리에서나 낯선 거리에서 눈에 익은 모습 하나 가방에 넣고 돌아온 날 가로등 불빛만한 작은 세상에 별똥별 같은 사선^{斜線}도 못 긋고 떨어져 버린 사람의 소리. 툭툭 깨지는 듯 넘쳐오는 물결같은 아픔으로 창가에 서성이며 부르는 소리. 막아도 막아도 그대 헤집고 들어오시다.

2.

밤의 광장에서 꿈과 꿈 사이는 아득히 넓고 멀어 닿지 않는 인연을 꿰맬 수가 없었다. 세상에 가득한 사랑 한 아름 안아보지 못하고 비의 옥쇄를 쓸어 모으는 윈도우 브러시의 절룩이는 걸음걸이로 세상 밖을 걷던 우리.

강화도에서

옅게 묵화^{墨畵} 친 바다 위에 섬들이
양반 자세로 둘러앉아
부족^{部族} 회의를 한다.

갯벌 위에는 포졸같은
나룻배 한 척 창 같은 돛대 걸치고
주저 앉아 있는데

먼 바다는
전등사 빗질 한 마당처럼
이랑지며 밀려온다.

태극 무늬 선명한
까치는 성루^{城樓} 처마 끝에
군기^{軍旗}처럼 날개를 접고

햇살만 뒷짐 지고
순찰 도는 한낮.

수장^{水葬}된 함성 소리
참성단 솔밭 위에
조류 되어 흐르고 있다.

깃발

깃발
바람이 희롱하다.

인간에게 낙엽이 지는 무심함
하루 종일 빈 나뭇가지.

깃발은
스스로 펄럭이는
꿈을 꾼다.

목매달아 죽은
영혼처럼
地面에로의 애착.

높이 있는 경멸은
언제나 푸른 낙엽으로
지고 말아

이제 깃발
바람을 펄럭이게 하기.

대청봉에서

별똥별 찾아와 어둔 창 두드리는 밤
대청봉을 깔고 앉아
북두칠성이 따라 주시는
별잔을 마다하고
손 내밀어 은하수를 훑어 담으니
잔을 넘친 별들이
천불동 계곡을 타고 내려가더니
목마른 속초를 적시고는
출렁이는 동해 바다에
점점이 집어등 되어
물결쳐 떠다니고
어려서 잃어버린 별들
반짝이며 되살아나
아직도 머리맡에는
평생 마셔도 남을 꿈들이
윤슬* 가득한 한줄기 강되어
긴 숨으로 흐른다.

* 윤슬 : 햇빛이나 달빛에 반짝이는 물결

꽃 종

향기 좋은 꽃들은
종을 닮았구나.

바람 한 움큼에도
쏼랑쏼랑
울리는 보랏빛,

향기는
깊은 맥놀이를
가지었구나.

또한
소리 좋은 종^{鐘}들은
바람으로 매달린
한 송이 꽃이로구나.

한달음에 내닫지 못하는
애타는 가슴
열두 바퀴 공명^{共鳴}에 모았다가

세상 꽃무리 속으로
구름 그림자 산허리 흐르듯
향기 소리 보내는구나.

이 세상 숲 속에서
사랑을 알고
제 향기를 풍기는
한 송이의 생명으로 살아

내딛는 발자국마다
향기 울려 나오는
걸어 다니는 꽃이고 싶다.
걸어 다니는 종鐘이고 싶다.

나뭇가지 수화^{手話}

저 좀 보세요.
가만히 서 있기만 해서
답답할 것이라고
그래서
끝내는 미쳐 버릴 것만 같아서
태풍 부는 날이면
그동안의 속알이를
머리칼을 풀어 헤치고
마구 포효하던 저를 좀
보세요.
저렇게 애절하게
속마음을 전하는데 바쁘다고
말 못한다고 눈길 한번 주지 않은
당신을 부르고 있어요.
여보세요.
잠깐만 아주 잠깐만이라도
들어주세요.
    (제 머리맡에 푸른 하늘이 걸려 있어요.
    저 건너 마을 이야기하는 키 큰 친구는
    명랑한 이야기에 넋이 빠졌어요.

　　　　수풀 속 작은 세상을 알리느라 이 작은 친구는
　　　　호들갑을 떨지요.)
좀 보아 주세요.
눈을 마주치지 않으면 들을 수 없는
잠시도 쉬지 않고 이야기하는
소리 없는 나뭇가지의 수화^{手話}를.

목걸이

하루 일이 끝난 뒤 거울 앞에 설 때면
까맣게 잊고 있던 심장 모양의
조그만 목걸이가 눈에 띈다.

하루 종일 잊고 있던 중에도
이리 저리 흔들리고 때로는 뒤집힌 채
언제나 남들에게 나 먼저 인사했을
목걸이의 자리를 올바로 잡아주며

예전에는 반짝이며 윤이 났건만
어느 새 때가 끼고 녹슬었구나!
돌아보면
제자리를 잡고 있던 시간보다
벗어났던 시간들이 더욱 많았다.

이제야 거울 앞에서
언제나 제자리에 바로 매달려
잊고 있는 중에도 빛나기를 바라며
바래어진 녹을 구석구석 닦는다.

떡갈나무이파리의 배려

늦가을
한 줌 바람은
가야할 때를 알고 가는 이의 뒷모습을 챙겨주시는
손길임을 알았네.

일제히 돋아난 새싹과 달리
낙엽 되어 한 잎 한 잎 떨어지는 시간이 다른 까닭을
정수리가 훤한 저 나뭇살 즈음에야
겨우 알았네.

살아온 여정이 다르기에
정리할 시간도 다 다르기 때문임을.

일제히 어느 한 날 한시에
일제히 이파리 다 떨어진다면
나무보다 사람이 더 허망할지니.

한겨울 북풍에도 매달려 서걱거리는
떡갈나무 이파리가 노욕이라 여겼더니
그것 또한 배려였다네.

속이 부드러워야지

바닷가
파도에 젖어
어린 딸의 눈빛처럼 빛나는
까만 조약돌

어느 큰 바위의 정령일까
수억 년 물결에 씻은
차마 꼭 쥐지 못하는
고운 살결이 부러워

속속들이 배였음직한
바다 냄새
데리고 함께
부풀어 집에 왔더니

부석부석한 몰골에
마른버짐까지 피어 있다.

휘둥그레
얼른 물에 담구니

되살아난 얼굴빛이 싱싱해

천만년 적셔온 파도도
네 껍질에서 밀어내면 그만이구나
스미지 못하면 천만년도 남남이지

천만년 꿈일지라도
잊지 않고
보듬어 주어야 할
여린 영혼은

마음 딱딱하면
추억도 없고 꿈도 없구나.
속이 부드러워야지

징검다리

 징검다리를 만나기 전의 물은 강아지풀이나 갈대나 창포꽃 줄기 하나하나 기억도 하면서 때로는 사진기처럼 건너편 큰 산자락도 담고 흐르는 구름도 찍어가며 흘렀느니.

 좌정한 깊이는 징검다리 하나로 건너뛰지 못하고 사람이 아니어서 어쩌면 장닭도 암탉 거느리고 건너고, 학도 긴 다리 처연히 건너는 이 징검다리를, 잊었던 발자국소리 어지러이 흩어지는 이 돌 틈 사이에서는 큰 산도 깨져야 파편으로 빠지고 떨어진 어린 꽃잎들도 물방울로 튀어 흩날리는 걸 보는데야 징검다리 사이에서는 물살이 어찌 소리 내어 흐느끼지 않으랴.

 지나는 아픈 울음 잊고자 서둘러 발걸음 휘몰아 나오면, 과거는 아직 두려움 없는 고요로 머물러 있고 빈 미래가 공명으로 다시 고요히 앞길에 놓였다.

번데기

차라리
기억상실증이나 지독한
건망증 환자였더라면 좋았을 것을!
푸른 뽕잎 잠식蠶食하여
직녀보다 날랜 솜씨로
거미줄보다 섬세하고
눈보다 흰 나의 집을
내장까지 토해내며 만들었건만
미처 치부를 가리기도 전에
알몸으로 쫓겨나
나의 집은 헐리어
알아주는 이 없는 처녀 속옷이나
스카프로 너풀거리니
반달 같은 날개 한 번 펴보지 못한
쪼그라진 몸둥아리가
비상도 못하고 회한에 사무쳐
슬픈 궤적의 상여곡으로
차가운 길거리에 내 이름을 부른다.
"뻐언-"
"뻐언-데기".

참을성이 닳아가는 까닭

내가 조금이나마 참을성이 있었던 까닭은
초등학교 6년 내내
밭둑을 지나 산길을 넘어 작은 논두렁길을 따라
학교를 걸어 다닌 덕분이다.
잔설이 남아 있는 벌판길을
찬바람 안고 새파랗게 얼어 다니면서도
몸 녹일 데가 없어 교실까지 참고 뛰어야만 했던 시절을 지나
새싹이 고개를 내밀 때부터
꽃이 피고 열매를 맺을 때까지
하루하루 커가고 변화하는 그 모습을
날마다 바라본다는 것은
사실 아무리 궁금해도 참아야만 된다는 것이다.

겨우내 메말랐던
산 속 오솔길이나 논두렁 밭두렁에
모든 생명들은
선생님께서 칠판에 쓰시던 글씨처럼
신기하게 자라거나 넝쿨을 만들어
어느 결에 민들레나 산딸기가 되어

칠판 가득했던 삼색 분필의 글자처럼
온 산하에 채워져 있는 것이다.

요즘 꽃이 피는 과정은 꽃 저 혼자만 애를 쓰고
화병 속의 국화
하우스 속의 장미가 몸둥이가 잘린 채 계절을 잊으니
그들의 어린 새싹이나 연록색 어린 잎이나
하루하루 조금씩 커가던 꿈들은 어디에 버려져 있는가?

먼 길을 한 시간은 걸어
꽃 피는 봄부터 눈 내리고 바람 찬 겨울까지
대자연의 칠판 속을 헤집고 다니던 나의 영혼이
집 앞 정거장에서 버스를 올라타 학교 100M 전에 내려
아스팔트길을 따라 흙이라곤 없는 교정에서
비 내리면 스며들지도 못하고 바로 흘러내리는 빗물처럼
바로바로 나타나는 콘크리트의 표정을 어찌 닮지 않을 수 있겠는가?
이것이 요즘의 나도 덩달아 인내심을 잃어가는 원인이다.

풀잎 듣거라

너는 녹색 바다 푸른 단애^{斷崖}
얼마나 맑은 열망들이
네게서 투신하였던가.

삶의 끝자락에서
등을 밀어내는 바람^{風}에

움켜잡던 이슬의 손톱자국
잎맥으로 선명한데

아침 햇살은
눈부신 벼랑길

네 푸른 창에 찔리어
영혼 한 방울
뚝
떨어진다.

꽃들의 말소리

꽃들은 입이 없어
하고픈 말 향기로 만들어
지나는 이들에게 제 속내 풀어내니
잠시라도 멈추고 귀 기울여 들어줄 일.
그러다가 조금 더 다정하게 '흠흠' 거리며
바람결에 속삭이는 그 입술 살며시 입 맞춰 줄 일.

호수 이야기

나는 언제나
이 숲 속에 누워
묵상에 잠기는 버릇이 있다.

하늘이나 산이나 나무들이
데칼코마니*로 찾아와
명징한 침묵으로 동화되거나

학이나 기러기나 원앙들이
내 묵상의 열매들을 건지기 위해
자맥질할 때마다
수심만한 깊은 도량으로
조용히 파문지어 웃음을 대신했다.

그런 중에도 바람만이 때때로
살진 수고양이처럼
소리도 없이 발톱을 세우고 다가와
나의 고운 살결을 할퀴기도 하고
주름지게 하더니

노을과 담소하던 어느 석양엔 기어코
붉게 달아 오른 얼굴로 이빨을 드러내며
노도로써 분노하기도 하였다.

그러나
침잠해 보면
나의 얼굴을 스친 바람들이
어디에서 구겨진 표정들을
풀어놓고 있을까 부끄럽나니

바람으로부터
산은 이미 나의 단전 쯤에 가부좌로 손을 모았고
나무들도 열병하듯 줄줄이 허리께에 뿌리내렸으니
결국
가느다란 눈썹에 얇은 입술만이
부초 되어 흔들렸을 뿐

이제는
바람을 건네어 보는

푸른 묵상을 출렁여
내 넓은 수평의 가슴에 수직의 평화를 띄워야겠다.

  * 데칼코마니 : 종이 위에 물감을 칠하고 반으로 접어 대칭적인 무늬를 만드는 회화기법

2

물결 산책

문. 20F(60.6x72.7cm), oil on canvas
2008년 제14회 과천향토작품전람회 '장려상' 수상

뒷담화만 없어도 성인이 된다는데
뒤끝 없기로야 참 너 만한 게 없지.
불 닿으면 끓고
불 꺼지면 언제 그랬냐 싶어.
계산할 일 없고
잔머리 굴리지 않으니
골치 아플 일 없네.

바람

바람은
겨울의 어느 귀퉁이에
설편(雪片)으로 쌓여
목 죄는 적막 밖의
깃발이 되고프다.

가지(枝) 끝에 쿨럭이는 하늘
시려 떨던, 그
나무 그림자 재우고
녹슨 초인종 깨워
빗장을 열고픈 열정.

바람은
동토(凍土)에 쏟아지는
갈망의
눈물이 되고프다.

바람의 가슴
푸른 촛불 안에 출렁이는
가득한 바다.

물결 산책

바람이 부는 날에는
호수 가득한 물들도 저렇게
출렁이며 길을 나선다.

싸리비로 마당 쓴 듯 물결치던 수면 아래
가지런히 가라앉았던 닻 같은 꿈들을
시계추처럼 일렁여

달빛 흐르던 날에 까치발 들어
곁눈질로나 살펴보던 건너 편 기슭에
달빛 상기한 뺨을 비빈다.

이 물결은 이 물결끼리 어깨동무를 하고
저 물결은 저 물결의 무동을 타며
어깨엔 색동저고리 달빛을 얹어
강강술래
성곽을 밟듯 걸음 맞춰 산책을 나선다.

바람이 부는 날엔
온 세상에 가라앉았던 꿈들이

서로서로 어깨동무를 하고
댓잎처럼 웃으며 솔숲처럼 노래하며
그리웠던 이웃을 찾아
길을 떠난다.

세상 둑에 선 나그네
눈동자가 젖는다.

구피

작은 어항에 구피를 여나믄 마리 키운다.
한 어항 안에 있으니 '식구렷다' 여기는 건 내 혼자 생각이고
저네들은 서로 약육강식 남남이다.
하루에 한번 단풍잎 색깔의 먹이를 주면
득달같이 모여 들어 서로 언제 봤냐는 듯 먹이사냥에 바쁘고
한 뼘도 되지 않는 세계 속에서
하루 종일 네모난 헤엄을 치면서
여러 마리 무리 속에서 저 홀로
인정^{人情}조차 여과된 맑은 水國을
잠시도 쉬지 않고 티끌 같은 먹이를 찾아 헤맨다.

등뼈 휘어진 늙은 구피 한 사람
아침이면 뻐끔거리며 집을 나와
나목 같은 사람 숲을 헤치며
한 달에 한 번 물위에 뿌려주는 단풍잎 월급을 먹고
빈약한 수초 빌딩 사이 수로를 따라
하품도 걸리지 않는 빈 입으로
한시도 쉬지 않고 헤엄쳐 다닌다.
주인은 벌써 어항 물 간 지가 오래라고
몇 마리 싱싱한 구피와 늙은 구피를 바꾸려 한다.

소금쟁이 선사

금강산 건봉사 조그만 연못에
소금쟁이 몇 마리

스르륵 스르륵
물결조차 깁지 않는 발걸음으로
천의무봉 수계를 넘노닌다.

삼계^{三戒} 몸단속에 군더더기 없어
면벽구년
장좌불와
아마도 전생의 선사였으리.

달

나의 천국에는
달만 걸어 놓고 살겠다고
월셋방에 세간 대신
달 하나 걸어 놓았네.

매 맞으면 찾아 가던
어린 시절 나의 왕좌에
등 기대어 서러웠던 날
나의 달이 찾아오면
아!
눈물의 프리즘
천국으로 가는 길은 황홀했었지.

나를 낳으실 때의 모습으로
보름달이 있어서
객지로 내 떠난 후엔
홍옥을 따면서도 우셨다는 어머니.

판사 영감 못할 지라도
초가 이엉 속

어린 아빠 3일 양식
할머니 머리채 까뒤집듯 뺏어간
나랏말 배울라카나
내 영혼에 스민 게다 소리는
순사보다 무서웠니라.

은행잎 다 떨어진 나무 끝에
밤마다 밤마다
달잎 되어 오시더니
삽작 밖에 바람심한 날
옥양목 같은 맘이
달이 되셨네.

초생달 작은 홈에 눈물 고여
어머니 이마 같은 물결이는데
밤이 넘는 두견 고개
나의 천국엔
깨어 문 사과에도 반달이 뜨다.

신호등

이 거리의 체온이
40℃ 고열로 헐떡일 때

욕망은
노란 신호등 아래
과속 통과 중

굳은살 박힌
눈동자에
핏발 선 길이

카멜레온의 몸둥아리.
시속 100km에서 켜지는 노란 눈깔

이 도시의 이마에 밝혀라
푸른 신호등

나사못

정수리가 뜨끔하다.

홈을 파는 과녁의
어지러운 몰두,
내 뜻이 아니다.

+자 홈이 파진
생존의 네거리에

속살깊이
돌려지던 꿈들의 저항

뾰족한 드라이버 끝에
신음으로 묻어나와

그래도
동화되고자 했던
삐걱이던 의자, 그

늙은 나이테 속으로
잠기어 간다.

참새

또 흠칫 놀랐다.
돌팔매질처럼
뚝 떨어지는
저 놈의 잠새

짧은 목 뒤로 젖혀
부르는 듯 날아올라
오로지
제 대갈통만한 돌멩이로
내리꽂히는
저 쾌감의 눈깔이 보고 싶다.

언뜻 비친 저 놈의
서러운 수직 비상하는 환희

창가에 집을 둔 나는
늘 홧병으로 눈이 아리다.
이미 참새는 떨어지기 위해 오르는
나의 본능을 알아채었다.

속절없이
꽃잎 지는 마흔 들머리.

양은 냄비

뒷담화만 없어도 성인이 된다는데
뒤끝 없기로야 참 너 만한 게 없지.
불 닿으면 끓고
불 꺼지면 언제 그랬나 싶어.
계산할 일 없고
잔머리 굴리지 않으니
골치 아플 일 없네.
살아 숨 쉴 때 뜨겁다가
미련 없이 식는
해탈한 노승도 너만 하랴.
뚝배기는 뚝배기대로 된장국 담고
너는 너대로 라면을 담아
제각각 제 빈 속에 사연을 넣고
북적이는 이 세상 말들을 모아
불 닿으면 팔팔 끓다가
불 꺼지면
후루룩 뚝딱 한 세상 미련 없이 떠나는
네 그릇만이라도 하다면야.

억새

그래도 꿈은 근심보다 질기다.
억새 머리에 붙어 있는 흰 구름은
능선에 붙박힌 근심이 아니라
푸른 하늘을 노니는 꿈이다.
꿈은 털어도 뭉게뭉게 솟아
하늘을 채운다.
근심도 사실은 뿌리로 내려가
엉키어 자기들의 꿈을 꾼다.
능선마다 고개마다 억새들의
어깨동무는 그물처럼 엮이어
온종일 흘러다니는 꿈을 낚는다.
수수꽃 같은 마디마다
흰 꿈 한 송이씩 묻어
하늘 닿은 능선 언저리
구름 되어 하얗게 번지어 간다.

가로등

그 속마음을 잘 모르긴 하지만
오가는 그림자 하나 잡지 못하고
멀뚱하니 허리 굽히고 서서
빛만 쏟아붓는 큰 키가 애처롭기도 하고,

가끔 지나치는 사람들이
고마워하는 것에 의미를 두기에는
밤새도록 부동자세로 서 있는 고통을
상쇄시킬 수 없어
당장 그만두고 싶어질 텐데,

말도 없이
가만가만 지나가는 도둑고양이나 새앙쥐를
제풀에 놀라게도 하고
그림자를 갑자기 앞서게 하여
깡뚱거리는 걸음걸이를 만들어
장난치는 것으로 보면,

마치, 은하수에 놀던 신선이
함께 놀던 달을 이마에 달고서

대로상이나 외진 골목에
구도자처럼 굳건히 서 있는 것이 아닐까.

반지하방

방에 앉아 있으면
지나는 이의 허리 위만 보인다.
햇빛은 하루 10분
보자기만한 위안을 펼쳐 놓고
이내 에누리도 없이
주섬주섬 거두어 간다.
어쩌다 열어 놓은 창문 틈으로
은근슬쩍 훔쳐보며 지나가는
행인의 눈빛이
얼굴 위에 낙숫물처럼 뚝뚝 떨어지면
애써
안빈낙도를 베고 누워
게슴츠레 눈을 찡그리며
이마를 닦아 얼굴을 가렸다.
왜 반지하방에 사느냐는
아이 물음에
그래도 두 계단만 내려와 1층이라며
열 두 계단 추락하는 상처 감추고
훗날
아파트 15층 쯤 내 집 마련된다면

아마도 승천한 줄 알고
현기증이 날 텐데
그 때는 어떻게 하지?

거울

한 평생 살아 온
인생길을 녹화한 영상처럼

어제의 행위와
그저께의 심보가
전신 거울 속에 또렷하다.

되돌아 본 시간이 많을수록
확대된 양심의
실핏줄까지 드러나고

다가서서 살펴보면
아스라이 이어진 발자국이
얼굴에 스며들어

땀구멍 된 작은 허물들
여기저기 박힌 점들조차
잊지 않고 무겁다 .

물끄러미 바라보는 거울 속에
군데군데 흐려진 구석들 있어
입김 불어가며 닦으면서

내일의 표정은
무슨 색일까.

거울 안에는 발가벗은 삶들이
온전히 녹화되어 보존되고 있는데.

다리橋 아래는 수도修道 중

비오는 날의 다리 바깥 수면은
빗방울에 늘 간지럽다.
그대의 속살
혹시 간지럽지 아니한가.

한 치 다리 밖은
수많은 빗줄기들의 소소함
다리 아래 세상은
한 줄기의 빗소리도 귀로만 듣는
깊은 숨 고르는 적막한 내공

다리 밖에서 흔들렸던 표정
수도승처럼 숨기우고
낯간지러운 일들이 빗방울보다 많았던
지난 시간들은
이미 잠수한 정물화로 스며
다리 아래 굳어 있다.

저 쪽 세상에서 패인 주름진 행적들이
이 세상 새로운 표정으로 다듬질 되어

다리 아래엔 늘
투명한 경험들이 반지르르한다.

모닥불을 피우며

쓸모없다고 버려진 작은 것들도
어깨동무를 하고 꿈을 모으면
불꽃 되어 타오를 수가 있구나.

수액 빨아올리던 목숨들이
무릎 맞댄 사랑으로 부활하여

옹기종기 이승의 울타리 건너
너울너울 꽃잎으로 피어난다.

한 점 바람에도
한 몸처럼 팔랑이는 이파리마냥
모여서 아름다운 몸짓이
어디 너희뿐이랴!

욕심의 꼬리
저마다 길게 제 그림자로 달고
잠시 둥글게 둘러앉은
사람들의 발치에서
작은 뺨을 비비며 승천할 때

겨우 서너 걸음 뒤에는
옹기종기 팔짱 끼고
마른 나무로 쌓여 있는
겨울 사람들.

산등에 서서

봉우리들이 저마다의 모습으로
차례대로 줄지어
하늘로 향할 때

마치도 우리 반 녀석들이
키를 맞춰
어깨동무를 하고 웃고 있는 것 같아
당장이라도 봉우리마다
번호 붙여 이름 부르고 싶어.

옅은 산안개라도 낀 날이면
서로의 입김으로 우정을 나누는
속 깊은 거인들로 변신하여
나를 안아 들이고

넘겨짚어
속마음을 이리저리 헤아려볼 양이면
갑자기 짙은 구름으로 벽을 만들어
한 치도 보여 주지 않고
떠밀어내다가도

어쩌다 속이라도 상한 듯 하면
끝없이 끝없이 눈을 뿜어내서는
수천 개의 눈사람을 만들어
나를 울려 놓고 말아.

내가 어떻게 저 산 같은 녀석들과
이리도 가슴 벅찬
인연을 맺었는지

파노라마로 펼쳐지는
저 힘찬 산등들의 기운 가운데
혼자 떠억하니 뒷짐 지고 서서

훗날의 녀석들 모습을
봉우리 하나하나에 견주며
웃음 지어 본다.

싸리비

마당 다 쓸고는
대문 뒤에 치워져 있는
작은 싸리비

지치고 초라하나
보이지 않는 곳에서
짧게 닳은 발로도 당당히 서서
다시금 허리 굽혀 무딘 몸 내어 줄
아침을 기다리고 있다.

겸손이란
비굴하지 않은 모습으로
제 몸을 던질 때
스며나오는 향기 같은 것.

마당 가득
가지런히 고운 싸리비 자국.

어지러이 걷다
돌아온 사람 우두커니
멈추게 한다.

열매

사람은 죽어 이름을 남긴다면
열매는 또 다른 그 사람의 이름이리.
이 세상 만물의 열매보다
더욱 다양한 것이 사람의 열매일지니
이 또한 생전의 삶의 길이와 비례되지 않는 열매 속이라.
어떤 것은 채 아물지도 않은 열매일지라도
두고두고 향기가 나는 것도 있으려니와
어떤 것은 100년을 살았어도 구린내가 나느니
아,
다행인 것은 식물과는 달리
사람은 제 삶의 열매를
제 살아 있을 때 가늠해 볼 수 있다는 것이다.
풋과일은 배탈을 일으키나
인생의 열매는 못 다 이뤘을 지라도
향기나는 눈물을 떨구게 하느니.

서커스단의 어미원숭이

서커스단 횃대 위에서
어미원숭이가 새끼를 안고
제 몸 묶은 사슬을 풀려고
잠시도 쉬지 않는다.

사슬은 풀린다는
희망이 있어
일찍이 서로의 몸뚱이를 묶지 않았고
묶인다는 절망 아래 고삐가 되었다.

그러나
서커스단 횃대 위의
저 어미원숭이는

사슬을 푸는 되풀이되는 절망이
바로 희망이라는 사실을
잊은 적이 없었다.

그녀의 희망은
뫼비우스의 쇠사슬 위에 올라앉아

미끄럼을 탄다.

횃대 위에 몇 겹으로 감아놓은
이 꿈의 불발탄

잘 익은 홍시처럼
조마조마한 희망은
이미 세습되어
새끼는 일찌감치 좌선에 들어갔다.

사다리 없이
구덩이를 파내려 가는
믿지 못할 사주팔자

캐내는 것은
늘 바닥 뿐이다.

우리 집 순진이

찬밥 한덩이라도 국에 말아서 다가가면
제 밥통이 꼬리에 맞아 엎어지는 줄도 모르고
펄쩍펄쩍 뛰면서 매달리며 꼬리를 흔든다.
순진이는.

새끼들이 똥이나 오줌에 뒤범벅이 된 발로
얼굴을 문지르고 눈을 찔러도
표정도 바꾸지 않고 여유롭다.
순진이는.

퇴근하면서 쳐다보지도 않고 그냥 지나치거나
속이 부글부글 끓어 죄 없는 저를 차도 가만히 있다.
순진이는.

조그만 일에도 토라지고
괜히 화난 얼굴로 대해도 단 한 번도 짖어 대들지 않는다.
순진이는.

하루종일 저를 잊고 지낸 나를
서러워하지도 않고 늘 반가이 맞이하며

저를 때리다가도 다시 오라면 또 꼬리를 흔들며 온다.
순진이는.

나는
잠시 숟가락을 놓고 내 꼬리뼈를 만져본다.

시계 속의 역사

시계를 들여다보노라면
흐르던 정적^{靜寂}이
구름처럼 피어올라
3 : 1이나
4 : 19
6 : 6
7 : 17
8 : 15
10 : 9에는
나의 시계^{視界} 안에
태극기가 신기루처럼 떠올라
힘 있게 펄럭이거나
조용히 날개를 접고 묵념을 올리기도 한다.

5 : 16이나
5 : 18
10 : 26
12 : 12에는
시계^{時計}가 태극기를 내리고
아물지 못한 상처들을 함께

시계^{視界} 안에서 떠밀어내려는 버릇이 있다.

그래도 깜박이는 초침에서
별 같은 꿈을 헤는 것은
12 : 31이 지나
1 : 1로 이어지기 때문이다.

조약돌에는

둥글고 연붉은 띠가 있는
조약돌 하나를
설악산 계곡에서 건져
책상 위에 두었더니

한밤중이면
물소리 바람소리 소소히 일고
책이라도 읽을 양이면
행간마다 산천어가 졸랑졸랑
이 돌과 담소하는지라

얼추
천불동 계곡 그 속리^{俗離}의 물로
수수만년 다비하던 큰 바위의
사리^{舍利}였음을.

감히
눈을 씻고 귀를 닦아
이 핏기 도는 정수^{精髓}를

살아 있는 자의 입김 묻혀
도로 보내 드리니

한동안
기인 계곡을 따라
반갑다고 수런대는
물소리
   물소리
     물
     소
     리
     !

이규보의 '영정중월詠井中月'을 읽고

인간의 한 생애도 물동이 속의 달이로구나.
스님이 길어 올린 항아리 속의 달처럼
우물에서 길어진 달이 부엌에 이르는 동안이 이승이었네.
살아 있어 흔들리는 흔적 없는 발자국과 호흡의 궤적들이
뿌리도 없이
부어 버리면 사라져 버리는
우물과 부엌 사이의 60 걸음이 한 생애였네.

3

아버지의 의자

잠시 머문 기억, 30P(65.1x91cm), oil on canvas
2011년 제3회 과천미술대전 '우수상' 수상작

어깨는 찰랑이지 않고 숨끈 여미시어
그렇게 가지런히 가랑잎 같은 신발
그림처럼 낯선 땅에 벗어놓고
한 점 바람도 없는 날
'뚝'
떨어지셨네.

가랑잎

수의엔 주머니가 없다지
가랑잎에도 주머니가 없네.
가을볕 사위어 가는 날
가랑잎은 갈 길 이미 알았네.

빈 나뭇가지 닮은
굽이굽이 산길은
수북하게 떨어진 가랑잎들의
흐느끼는 풍장터

바람에 서걱이는
갈라진 목소리는 마지막 조곡

어매는 펄렁이지 않고 숨끈 여미시어
그렇게 가지런히 가랑잎 같은 신발
그림처럼 낯선 땅에 벗어놓고
한 점 바람도 없는 날
'뚝'
떨어지셨네.

아버지의 의자

돌아와 앉을 의자가
준비된 자는 살아 있다.

별빛으로 채울 눈물이
휑하니 얹혀 있는
의자는 늘 엉덩이가 시려

마치도
등받이에 기대어
잊혀져가는 이를
떠 올려 보는 의자는

자꾸 뒤를 쓸어보는
버릇이 생겼다.

반생이 넘도록
늘 곁에 두고 돌아보는
사진 속 아버지의 온기처럼

빈 의자에 햇살로 앉은
아버지를 본다.

가슴 짠한 만큼의
그리운 체중으로
삐걱이는 즐거운 비명

죽은 이는 의자의 부름을
듣지 못한다.

언제나 돌아와 앉기를 기다리는
품이 넓고 등받이 둥그스름한
아버지의 의자.

소백산 고사목

위풍도 당당한
수사슴 무리들이

울타리 없는 세월의
高地 위를 노닐다가

곤히 잠든
이른 아침 운해 속에서

下界를 바라보며
천년을 우뚝 서 있도다.

손가락

나는 악수할 때 힘껏 잡는다.
그게 좋다.
아, 고마운 사람
아, 미안한 사람
아, 참된 사람

엄마 돌아가시기 전
그 풍부하셨던 표정과
풍성하신 말씀 다 잃고 누웠을 때도
"엄마! 엄마!" 얼굴을 부비면
아, 우리 엄마
내 손가락을 지그시 잡으신다.
힘을 주신다.

엄마, 엄마!
다시 힘을 줘 봐, 힘을 줘 봐요
다시 또 조여 오는 엄마 손가락

나는 악수할 때 굳게 잡는다.
내 손가락의 기쁨은
살아 있을 때 힘을 주는 것이다.

시골

그 곳에 가면
움직이는 것은 소리뿐이다.

멈추어 선 걸음걸이와
초조함이나 핏발 선 시선들이
풀숲으로 기어 들어가
쓰르라미나 여치 혹은 베짱이의
울음소리로 환생한다.

그 곳에서 비로소 부활하는
옛 심장의 맥박소리
흔들리지 않는 강

한두 달의 세월이 무릎걸음으로
다가와 앉으며 혼미한
쾌락으로 안내한다.

시골에 가면
죽은 시간 위로
맨발로 가는 강물 소리를 만날 수 있다.

오로지
흔들리지 않는
할아버지들의 나이테 위로
잠자리 떼가 돌고 있는

유년의 낱알들이 자라는 못자리이다.

가을산에 올라

머언 산들
줄 지어 눈을 감은
가부좌한 고승

푸른 맨살로 서걱이던
억새무리
산마루마다 모여
머리 깃에 새털구름 묻혀가며
하늘을 쓸면

기러기 떼
푸른 호수를 발끝에 달고
산을 넘어 온다.

종소리 도란도란
계곡을 엮고
안개 피어올라
노을에 누울 때

아버지
청청한 하늘 걸어
잠기어 가신 길

홍모^{鴻毛} 같은 억새 사이
손 안경 만들어 뒤따라가면
아랫 세상엔 뿌연 안개밭.

금환일식 金環日蝕

내 손에 끼워 준 그대의
18K 가느다란 실반지 하나

지금 하늘 한복판에서
아린 가슴부분 다 타 버리고
잊히고팠던 사랑의 가장자리만 남아
눈부시구나.

일찍이
가녀린 반지의 원 속에
스스로 구속되는 환희로움에
깃을 접은 후

3년이 채 못 되어
저마다의 그림자로
속절없이 스러졌던 우리.

품 속에 낚시줄 드리워
한 없이 낚아 올리던
기억의 고리들이

이렇듯 주기마다
하늘에서 되살아날 줄이야

소용돌이로 삼켜지지 아니하고
파문으로 번지는 약지에 묻어

18K 가느다란 실반지로
빛나는
차마 다 못 가리운 시절이여.

   * 금환일식 : 일식 때 태양의 가장자리 부분이 금가락지 모양으로 보이는 일식.

노송 밑에 앉아

우리 아홉 남매 업어 키운
어머니의 등처럼
밤마다 업어 달랜
달 때문에 저리 휘어졌구나.

우리 어머니 가슴 속
절절이 흐르는 곡조마냥
바람 불면 해금 소리
잎새마다 돋아나고

차곡차곡 쌓여진 한들이
끝내 삭지 못하여
검버섯처럼
옹이로 삐져나오고
수족을 잃을 때는 뭉텅뭉텅 응어리가 졌구나.

잔설로 이고 산 푸른 꿈들을
비녀로 동여맨 머리숱처럼
몇 올의 성근 잎들
정수리에 이고

이제
고갯마루 한 켠에 지팡이처럼 서서
굽이굽이 숨찬 세월 내려보시다.

눈 내리는 밤

간밤
하얀 모시 두루마기를
다듬질해 입으시고
영혼의 귀성객으로
밤차를 타고 일제히
우리네 할아버지가 오셨네.

한때는 노루처럼 헤집고 다니시던
이승의 산과 강과 저 논과 밭들을
그 긴 흰옷자락으로 덮어도 남아
차마 두고 떠난 발길 익숙한 집집마다
펑펑 눈물로 쌓이더니
그예 뜨락까지 올라 서성이다
토독토독 방문을 두드리신다.

집집이 호롱불 같던 별들 호호 불어 끄시고
높은 하늘 동네를 빈 마실로 만드시어

밤새도록 우리네 할아버지 할머니
두루마기 옷깃 끌며 온 산하 다니신 흔적
눈송이로 소복소복 쌓였다.

눈 오는 세모

　함박눈 내리는 고요한 세모. 옛날 가랑이 터진 내복만 입고 딸랑딸랑 뒷간을 다녀오다 언 까치발로 마루 끝에 서서 시커멓게 하늘 닿은 국수봉 뫼山자 뚜렷한 능선을 눈으로 훑으면 어디선가 꼬리 긴 장닭 소리 눈발 사이로 시나브로 스미었네. 고개 들면 어린 뺨에 싸락싸락 차가운 눈발들, 까마득한 하늘에서 눈송이송이들이 반짝이던 달빛 물결보다도 많이, 맑은 밤 별들보다 더 많이 흰 개미떼들처럼 하염없이 내리면 그만 숨이 막혀 '엄마! 엄마!' 아! 우리 어머니 저 깊은 눈발 속으로 들어가시더니 산새조차 없는 첩첩산중 흰 세상에서 돌아오시지 않네. 아주 오시지 않네. 이 해 가는 저문 하늘에 눈발은 쌓여 도란도란 쌓여 흰 머리칼 귓가에 어머니 음성 한 치 한 치 쌓여 먹먹하더니 이젠 막막히, 그저 막막히.

인생길

냇가에 돌 하나 없다면
얼마나 따분할까?
어두운 밤이라도
돌이 있어야
물도 돌돌돌 흘러갈 맛이 나지
덩달아 지나다 귀 기울이는 사람도 있고.
개울엔 조약돌소리
큰 도랑엔 큰 바위소리

산길에 돌 하나 없다면
얼마나 심심할까?
군데군데 돌이 박혀 있어야
산길 오르내릴 맛이 더하지.
작은 돌은 밟고 지나고 큰 돌은 돌아가고
더욱이
오르막길엔 돌이 있어야
힘내어 큰 발걸음으로 쑥쑥 오르지.

나무에는 가지가 있어
바라볼 맛이 나지.

늙은 소나무엔 구불구불
아리랑 가락 넘어가는 고개가 있고
느티나무엔 대하에서 실개천까지
굵고 가늘게 흐르는 느티나무가지
세상에 가지 없는 나무를
무슨 재미로 쳐다볼거나?

사람도 곱게만 살다 가면
얼마나 심심할거나?
우리네 인생길에 박힌 돌이 있어야
흐르는 물소리
지나가는 바람소리 낼 수가 있지.
늙어 주름 없다면 무슨 낙으로 거울을 보리.

담쟁이

가만히 바라보니
네 이파리는 모두 심장을 닮았구나.
아, 그랬구나.
그래서 너는 줄기마다 고동치는
뜨거운 맥박으로
닿는 것마다
목을 얼싸 안고 볼을 비벼 대며 올랐구나.
까마득한 성벽도
온기 끌어안고 오르면
어느새 성벽 위 무등 탄 드넓은 세계.
그러다 겨울 찬바람에
가녀린 핏줄만
숨진 듯 남았다가
새봄이면 다시 콩닥콩닥
수직의 붉은 벽돌 틈새에
푸른 심장을 돋아나게 하는구나.
꿈의 더듬이로 하늘 향해 흐르는
너, 자라나는 강물아!

물소리 흐르는 계곡길

물은 내를 따라 흐르지만
물소리는 산길 따라 흐른다.
오솔길은 오솔길대로
저를 닮은 가늘고 고운 물소리를 품고 있다.

계곡에는 계곡대로
우렁찬 물소리
능선 위로 솟구쳐
아스라한 바위 길에 푸르게 쏟아져 흐른다.

계곡물가 나무가 푸른 까닭은
푸른 물소리 들으며 자랐기 때문이고
이 산 온 숲이 푸른 까닭은
바람도 물소리로 푸르게 불었기 때문이다.

산길을 따라 걸으면
푸른 물소리 오솔길로 잦아들어
출렁이는 발걸음
산길에
물소리 묻어나는 여울 하나 길게 흐른다.

산 속 오솔길은 탯줄입니다

깊고 푸른 산 속으로 난
한 줄기 긴 오솔길은
산의 자양분을 전해 주는 탯줄입니다.

세상에 지친 날
산에 들면
눈이 닿는 저 숲 끝에서
푸른 산의 정기가
이 길을 따라 전해져 옵니다.

어깨 감싸 안는 나무들의
풋풋한 살 냄새나
목덜미에 간지러운
풀꽃들의 도란거림
산 꿩의 울음소리와
바람의 발자국 소리들이
말라 버린 제 영혼의 양수를
어느덧 출렁이게 합니다.

눈을 감고 송진 냄새 곱게 두드리면
탁본처럼 살아나는 초서체의
솔바람도 또렷이 보입니다.

사람에 지치면 안 된다고
오늘도
이 마음의 열두 구비
깊은 골짜기로
메아리로 되살아날 초록을 데리고 오는

산 속 조그만 오솔길은 탯줄입니다.

산기슭 처사

저 산은 늘 내겐
속 깊은 옛 스승이시라
깊은 계곡 능선을 지나
올라가 뵈어야지 뵈러가야지 다녀온 날
온종일 마음 가볍고

바로 앞에 앉으신 양
산머리 맑게 의관을 정제하고
산허리 꼿꼿하신 날
들어가 문안 인사 여쭙지 못하면
종일 발걸음 무겁다.

골짜기 안개 피어나면
그분들 둘러 앉아
차를 끓이시는구나.

구름은 두루마기 삼아 허리에 두르시고
골짜기 도란도란 환담하시는
물소리
산기슭 처사네
툇마루 안으로 들어오시다.

풍경

자전거에 아내를 태우고 언덕을 오른다.
도대체 무거워 엉덩이를 실룩이며 있는 힘을 다한다.
평소에도 먹여 살리느라 온 뼈골이 쑤시는데
이렇게 실룩거리는 페달 끝 삶이 후들거린다.
좀 내려 밀어달라는 외마디 절규는
사정없이 움켜쥔 두 손으로 허리 더욱 죄이고
이 세상 반환점 저 고갯마루 오르고 나면
어쩌나 아내 둥실한 몸무게와 육중한 이 몸둥이 덕에
우리 자전거 가속도 붙어 쏜살 같이 내려갈 텐데
두 바퀴 자전거에 칭칭 동여맨 우리 부부의 중년 풍경 하나.

생수를 받으며

참나무등걸에
퉁퉁 털어내는 신경통만큼이나
푸른 갈증에
옴이 쑤실 때

가까운 산에 올라
생수를 받으면

일몰처럼 내려앉는
침묵이
PET병 안에 맑게 차올라

청솔가지 아래
우리의 투명했던 추억들이
함께 부활한다.

가랑이 밑으로 바라보던
유영하던 유년이 산마루에
산꾼처럼 머리를 내밀어 오르면

어린
노을의 기억 속으로
싸리비^{箒}같은 바람 한 줄기

샘터 주위에
잃었던 발자국 찾아
목을 축인다.

엄마 이야기 1

 야이, 앙눈아! 참 희한하지.
 난 네 큰 시-가 환갑이 다 됐는데도 암만 봐도 눈만 감으마 중학교 1학년짜리로 밖에 안 보인다.
 세상에 네 큰 시-는 진짜 얼매나 똑똑하고 말도 잘 듣고 똘망똘망하이 잘 생깄는지 모른다.
 생각만 해도 가슴이 뛰고 넉넉해서 가-마 보마 안 머-도 배가 불렀다. 시계도 없는 그 꼭두새복에 쌀 한 내끼도 없이 버리쌀만 그저 벅벅 씻어 안치가이고 버르르 끓이 내놓으마 안그래도 안 뜨지는 눈을 해가이고 금방 일어난 아-가 무슨 입맛이 있겠나. 입이 꺼끄러아가이고 숟갈도 대는둥 마는둥 그렇게 내 보내도 한마디 불평도 없이 그렇게 총총히 먼 새벽길을 나섰다. 칠흑같이 어두운 밤에 자박자박 아-를 데리고 새장터를 지나 아랫못을 지나 다리미동산까지 바래다주고 오마 세상에 시계가 없어가이고 어쩔 땐 그제사 첫 새복닭이 우는기라. 그럴 때 큰 아- 혼자서 옥산역에 얼매나 오래 앉아 기차를 기다리민서 춥고 배고푼 걸 달랬을까? 문고리에 손이 쩍쩍 들러붙도록 추운 날도 홑갑데기 옷을 입고 옥산꺼정 도랑을 건널 때마다 광목으로 싼 양말이 젖으까바 맨발로 그 얼음같은 물에 옷을 둥둥 걷어올렸다.

시계가 없어노이 나도 자다 깜박 일나마 시방이 오밤중인지 새복인지 알 수가 없어가이고 밥부터 안치고 그 까무라져 자는 아-를 깨우는데 '문화야! 야이, 문화야! 일나야지.' 참, 니 시-는 단 두 번을 부른 적이 없었다. 생각만 해도 생각만 해도 그저 생각만 해도…

그 어린 몸이 밤기차를 타고 집에 돌아오마 그 무서운 길을 아-가 혼자서 얼매나 떨민서 왔는지 온 옷이 흥거이 젖어 있곤 했네. 그 아-를 안으마 쓰라리고 대견해서 니 큰시-를 내가 안으마 고마 가슴이 다 후둘거렸다.

나는 지금도 큰 아-는 늘 중학교 1학년 까만 교복을 빤듯하이 쪽바로 입고 "엄마, 다녀오겠습니다." 하는 눈동자 촐망촐망한 내 자랑스런 아들로만 살아있네.

야이, 앙눈아. 니 큰 시-는 그랬다. 우야든동 네아부지 삼아 따르거라.

아버지 손길

울아버지 어느 가을날
머루랑 다래 망태 가득 따오셔서
"야들아, 먹어 보거라."
반백년이 흘러
입 안의 그 향기
내 가슴으로 내려가
동글동글 그리움 열리는
푸른 넝쿨이 되었다.

아버지 나이 되어
외진 산길 깊은 숲 속
늙은 솔 용비늘 등걸 아래
반갑게 만난 다래 몇 송이
울아버지 그리운 손길이
이 몸 향기넝쿨로 감고 올라
호박만한 그리움덩이
뭉텅이로 열리다.

아버지의 논

'서산에 지는 해는 지고 싶어 지느냐
너희 두고 가는 나는 가고 싶어 가느냐.'
돌아가시던 날 이른 아침
자식들을 굴비처럼 쪼로록 앉히시고
나지막히 노래하시던 아버지.

이 세상 하직 일주일 전에
"내 이런 몸으로 우리 논 한 번 둘러봐도 괜찮을란가?"
"아, 내 논 내가 둘러보는데 누가 뭐랍니까?"
"그러면 집 앞 논배미에 한 번 데려다주소."

동지섣달 느티나무 잔가지보다 앙상하신 아버지를
솜이불 깐 리어카 위에 허뿐 태우시고
이삭이 막 피어오르는 논배미 둘러보시던 날
중복의 태양아래 땀보다 많은 눈물이
리어카 끌고 가시는 어머니의 고무신 코를 적셨네.

아름드리 정자나무 밑동 같던 아버지가
칠월칠석 전날 한 줄기 유성으로 꺾이신 그 해
우리 나락 알알이 유달랐던 이슬들은
아홉 자식 앞에서 차마 감추셨던 눈물이셨네.

이파리는

군상群像이
땅에게로
무릎을 꺾기 전에

낙하한다
가슴을 내밀고

흔들리는 욕정들
이파리로 하늘거려

그대의 눈동자가
산까치의 날개깃에 들어
부끄럽구나, 나는

가지가지 승천하는
마디마디마다

접목된 꿈들의
비상飛翔.

숨죽인 그대의
껍질들이

안개로 부활하여
지금
온 산에 가득하다.

處士觀雲圖
― 고사관수도를 흉내내어

비 개인 산엔
누군가 큰 손으로
돗자리처럼 구름을 말아 올려
산허리께에 걸쳐두고

서울 쪽 하늘이
남쪽 향해 더욱 밝은 까닭은
아마도 고향 떠난 사람들이
많은 탓이겠지.

기억을 좇아 향하는 발걸음은
늘 그 기억의 몇 발자국을 앞질러 있고

비라도 내리면
달빛 흐드러지던 스무 살 즈음처럼
설레나니

자정도 잊고
턱을 괸 채
고사관수하듯 건너 산머리
구름을 본다.

4
프리즘 사랑

The way home. 10F(45.5x53cm). oil on canvas
KOREA LIVE 2014 DRESDEN ART FAIR 출품작

세상의 소리가 크다 하더라도

결국 나의 발자국 소리는

내 그림자 안에서

나에게 가장 먼저

가슴 울려 소식 전하였음을.

프리즘 사랑

햇빛이 프리즘을 지나면
고운 무지개가 피어나듯

하느님의 입김
우리를 스치면
영롱한 사랑 피어나야 하리.

가없는 우주 안의
이슬방울에도
머무르심에

하물며 이 몸
세상 눈빛
함부로 기웃거려
때 타지 않도록
깨끗이 닦아 두어야 할 성소

수많은 손길
헤아릴 수 없이 많은 사람들 생각
이 몸을 통과할 때마다
주님 색깔로 아름답게 피어나기를.

내 발자국 소리

늘 함께 하면서도
듣지 못하던 소리.
고요하면 잘 들리는구나
혼자이면 잘 들리는구나
눈감으면 잘 들리는구나
고개 숙이니 더욱 잘 들리는구나
내 발자국 소리.

언제 한번
귀 기울여 내딛어가는
발자국 소리 들어보려 했던가?

세상의 소리가 크다 하더라도
결국 나의 발자국 소리는
내 그림자 안에서
나에게 가장 먼저
가슴 울려 소식 전하였음을.

귀 기울이지 않아도
세상으로 향하던 고개

물욕으로 향하던 고개
나의 뿌리로 돌리니

내가 지나는 '지금'을
이렇듯 시시각각 구분하여 알려주는
내 발자국 소리.

거울을 벽에 거는 까닭

못난 이 몸 쳐다보라고
잘난 이 능력 돌아보라고
몸뚱아리엔 거울이 없이
벽에 큰 거울을 걸어두었구나
샅샅이 훑어 볼 눈 둘이나 달고.

늘 저지르는 잘못들
이 몸 안에 거울 달고 다닌다면
언제나 환히 비치어 얼마나 부끄러울까.

남들이 지은 죄
그것보고 깨닫게 하시려고
하루도 거르지 않고 의심나는 곳
얼굴 들이대며 살피는 회개의 삶.

손거울은 너무 작아
어찌 넋이 고동치는 가슴 볼 수 있으랴
깨어지면 일그러진 꿈을 만드는
등 돌리는 세상 모습.

그래서 거울은
오가는 우리의 속속들이 가라앉은
영혼을 비춰내려고 오늘도
벽에 붙어 깊은 눈빛으로 기다리나보다.

지천명 생일날

부모님 날 낳으신 후 50년을 살고 나서
건강진단 결과 보니 성인병은 다 가졌네
고혈압 고지혈증에 간과 당뇨 적신호

소식에 절주하며 운동하고 살도 빼자
이곳저곳 붙여놓고 작심삼일 무시타가
오늘에 이르러 아차차 후회하네.

지천명에 하늘의 뜻 알아들을 세월 되니
간소한 음식과 가벼운 몸과 머리
오래 오래 이승길 후회 없이 갈 길이라.

함부로 먹고 취해 이 세상 먼저 가면
아내와 내 자식과 피붙이와 정든 벗들
애달프다 하늘을 우러러도 피눈물로 하직이라.

술잔 들어 장진주사 기고만장 외치다가
병들어 버려지면 모든 인연 끊어지고
밝은 해 맑은 바람 그림의 떡이 되리.

이른 새벽 잠 깨어 곰곰이 생각하니
세상사 청심소욕 마음 우선 바로 하고
가려 먹고 즐겨 웃고 기꺼이 움직여서
물려받은 천주공경 온 집안이 찬미하세.

살펴보지도 않고

솔숲에는
소나무보다 훨씬 많은
고사리가 있다.

솔숲에는
소나무보다 훨씬 많은
제비꽃이 있다

그러나
나는 그 곳을 솔숲이라 부른다.

크고 잘 보이는 것이
대세라고 믿는 내 생각에
고사리밭이라 부르는
산아낙의 의견을 묵살한다.

보잘 것 없는 것은
생명의 무게도 가벼운가?
작고 사소하다는 것은
누구의 판단인가?

생명의 숫자는 무시하고
그럼에도 나는 여전히 그곳을
솔숲이라고 부른다.

별로 핀 동백꽃

겨울 새벽
뜨락에 내려서니
별빛 먼저
가슴에 홈을 파다.

어둔 길
더욱 흔들리던 하늘
십자가 위 먼저 기다리던 그대
동백으로 피어난
잊혀진 넋이 아리다.

잎 다진 가지 사이
맑은 사람
시린 이마에
푸르게 얹어

어깨 뒤에
어미의 체온이 머무는
북극성처럼

그리움은 잠들지 않고
늘 빛나고 있음이여.

새벽 미사길
베틀 타고 다가오는
별 빛 한 무리

보고 싶은 그대.

낙엽

적응은 가장 빠른
포기이다.

포기는 가장 빠른
적응이다.

시간과 성장이
반비례되는
엎혀지낸 날들

핏줄보다 섬세한 잎맥은
기립하는 영혼의 支流

낙엽은
그래서 늘 푸른 여행을 한다.

미사에 늦은 날

꾸물대다가 새벽 미사에 늦었습니다.
영성체를 하였는데 성체가 잘 녹지 않습니다.
예수님께서 제게 오시고 싶지 않으신가 하니
그만 콧등이 시큰해지며 눈물이 맺힙니다.
누가 볼세라
얼른 기도손 모습으로 코를 감싸고
손가락으로 슬며시 눈물 닦으니
어느 결에 스르르 성체가 녹았습니다.
용서를 구했더니
저를 사랑한다셨습니다.
그래서 또 눈물이 났습니다.

산행

1.
비 개인 후 찾아간
가을 산길에

떨어진 단풍잎이
하도 고와서

깡총이며 오르네
차마 못 밟고.

2.
나
삼천 척 산 위에서
백 리를 둘러보네, 고개 젖히고.

오,
저 하늘에서 굽어보시니
이 몸 얼마나 방자할꼬!

3.
휘돌던 산행길의
한굽이에서

가쁜 숨 조차 잊고
부른 외침에

봉우리 마다마다
둥근 종소리

아마도 산은 큰
돌종이런가!

오솔길은 한 줄의 긴 詩 입니다

자박자박 발자국소리
맑은 시어들의 속삭임

돌길에는 돌들의 소리
흙길에는 흙들의 이야기

사락사락 모래 소리
바스락바스락 가랑잎소리
사륵사륵 눈 내리는 소리.

길속에 스민 소리
나뭇가지에 걸린 소리

별빛이나 달빛들은
솔잎 끝에 얹혀 있고

바람 소리 산새 소리는
귀 씻는 맑은 물로 흐르고

푸른 솔 흰 바위 그늘은
잠시 숨을 고르는
詩의 행간

산 속 오솔길은 한 줄의 긴 詩입니다.

어음

기한 없는 어음
알 수 없는 인생살이

몇 년짜리 어음인지
할인도 되지 않는

주먹구구식으로
될 대로 되라지
꾸려온 인생.

키도 없이 나침반도 없이
세파에 흔들리며
살아온 삶

부도도 나지 않고
지금까지 살아남아

하늘 보고 손금 보며
남은 외줄기의 길이를 가늠한다.

언제 부를지 모르는
하늘 길에
내 어음은 몇 년짜리인가?

민들레

햇살도 하루 한 뼘 바람 잦는 곳
설마하니 잘못 봤나 다시 본 돌 틈
샛별보다 더 밝구나, 민들레 가족.

송이송이 노란 봄 좋이 여물면
가벼이 바람 이는 오후 세시 쯤
희디 흰 배냇털에 꿈을 달고서

잔설에 가슴 시린 사람들 사이
흐르는 음표 따라 몸을 맡긴 채
낙하산 타고 간다. 특전사 마냥.

여과지

제 몸 태워 빛을 만드는 양초나
제 몸 더럽혀 맑은 물 걸러내는 너나
매 한가지

더러워질수록
차라리
거룩한 삶

새하얀 몸
보이지 않는 티까지
끌어안는 살신

눈빛 고운 겸손한 사람들
세상의 먼지 몸으로 닦아
걸러진 티끌만큼 빛나는 세상.

괜히 속상해

부처님은 버려라 다 버려라
욕심도 번뇌도 다 버리라 하시는데
예수님은 무거운 짐진 자들아
모두 다 내게 오거라 하시니
부처님의 자비는 홀가분해 보이고
우리 예수님은 무거워 보이나.
괜히 속상해 눈물이 글썽.

투정했더니

어인 까닭에
능력은 안 주시고 욕심만 주셔서
이 세상 뱁새다리로 좇아가며
허덕이게 하시는가.

한때 아이 유치원도 보내기 힘든
쪼들리는 교사가 되어
남몰래 가슴을 치게 하시는가.

어떤 고귀한 인생철학이
이 허망함에서 건져 줄까?
누가 위로해 줄까. 이 상처투성이의 영혼.

그들은 말하지
어쩌다 화투쳐서 따기라도 하면
애들은 안 가르치고 화투만 쳤냐고.

스승의 날이면 잊지도 않고 전화질이지
올해는 얼마 받았냐고.

방학 때면 빈정대지
너는 좋겠다. 놀아도 월급 나오고.

나는 웃으며 염원한다.
내 자식만은 교사 되지 말기를.

이렇게 비비꼬여 지내던 어느 날
주님 친히 우리 가난한 식탁에
찾아 오셔서 말씀하셨다.

내 너에게 돈 대신 시간을 주었노라.

좋은 아버지 되라고
좋은 남편 되라고
좋은 시인 되라고
수많은 사람들은 오늘도 내게 기도한다.
주님! 시간 좀 주소서
주님! 시간 좀 주소서

이제 네 나이 마흔.
상대적 빈곤이나 속물 근성 같은
세상 유혹에
흔들리지 않으려고 버티는 나이로다.

아침마다 내게 기도하지 않았느냐?
내가 준 모든 것 오로시 도로 바쳐
생각과 말과 행위를 평화로 이끌어 달라고.

담담하게 살거라. 바오로.
네게 준 시간들
아끼고 아끼어서 귀한 인생 꾸미어라

이 세상 잠시 지나는 간이역이다.
마음 깨끗하고 너그럽게 가꾸어
나의 길을 따라 오너라.
사랑하는 바오로.

여전히 웃으시는 그분

예수님께서 환히 웃으시는 얼굴로
청동십자가에 매달리신 사진을
책상 옆 잘 보이는 곳에 압핀으로 붙이려다가
아, 우리 주님 나 때문에 십자가에 못 박혀 돌아가셨는데
내가 또 그분 몸에 압핀을 꽂으려 하다니
서늘한 가슴 쓰다듬고 고운 테이프로 예쁘게 붙였네.
여전히 웃고 계신 우리 주님!

오솔길은 한 줄의 긴 詩 입니다

서정탁 시집

발 행 일	|	2014년 9월 30일
지 은 이	|	서정탁
발 행 인	|	李憲錫
발 행 처	|	오늘의문학사
출판등록	|	제55호(1993년 6월 23일)
주 소	|	대전광역시 동구 대전로 867번길 52(한밭오피스텔 401호)
전화번호	|	(042)624-2980
팩시밀리	|	(042)628-2983
홈페이지	|	http://www.lito77.co.kr(홈페이지)
전자우편	|	hs2980@hanmail.net
공 급 처	|	한국출판협동조합
주문전화	|	(070)7119-1752
팩시밀리	|	(031)944-8234~6

ISBN 978-89-5669-642-3
값 8,000원

ⓒ서정탁. 2014

* 이 책은 교보문고에서 E-Book(전자책)으로 제작·판매합니다.
* 잘못 제작된 책은 바꾸어 드립니다.